MANDALAS

Volumen 11

AF174811

ediciones *rodeno*

LIBRO DE COLOREAR PARA ADULTOS

© Ediciones Rodeno, 2024

C/ Cruz roja, 11. Pta. 4

46400 Cullera (Valencia)

www.edicionesrodeno.com

ISBN: 978-84-128021-3-9

Impreso en España / Printed in Spain